E le mie paure volano via

VANESA ROJAS e PATRICIA ROJAS

Illustrazioni di MARÍA LAVEZZI

Editing: Ziomara De Bonis Orquera
Grafica e impaginazione: Sandra García

© Illustrazioni María Lavezzi, 2020

© Vanesa Rojas e Patricia Rojas, 2020

ISBN 9798685250117

Tutti i diritti sono riservati, in Italia e all'Estero, per tutti i Paesi. Nessuna parte di questo libro può essere riprodotta, memorizzata o trasmessa con qualsiasi mezzo e in qualsiasi forma (fotomeccanica, fotocopia, elettronica, chimica, su disco o altro, compresi cinema, radio, televisione) senza autorizzazione scritta da parte dell'Editore. In ogni caso di riproduzione abusiva si procederà d'ufficio a norma di legge.

Alla nostra famiglia

Le autrici

Vanesa Rojas
Laureata in psicologia all'Università di Belgrano, Buenos Aires - Argentina, dove si è specializzata in psicoterapia cognitiva e terapia focalizzata con orientamento sistemico. Svolge la libera professione in un Centro per l'Età Evolutiva e collabora presso il Servizio di Neuropsichiatria Infantile della ASL 4 di Chiavari (Genova). Si occupa di disturbi emotivi, comportamentali, relazionali e dell'apprendimento di bambini ed adolescenti. Conduce laboratori di educazione emotiva e percorsi di sostegno genitoriale. Accreditata dalla Regione Liguria per le certificazioni diagnostiche dei Disturbi Specifici dell'Apprendimento (DSA).

Patricia Rojas
Laureata in psicologia, con diploma e medaglia d'onore per i suoi meriti accademici, all'Università di Belgrano, Buenos Aires - Argentina, dove si è specializzata in psicoterapia cognitiva e terapia focalizzata con orientamento sistemico. Inoltre, è professoressa di educazione speciale, possiede una grande esperienza nel campo educativo come insegnante, psicologa del gruppo interdisciplinare scolastico e coordinatrice di diversi progetti pedagogici. Esercita la sua attività clinica in istituzioni pubbliche e private nella città di Buenos Aires, occupandosi di genitorialità, infanzia, adolescenza e disabilità.

L'illustratrice

María Lavezzi

È nata nella città di Buenos Aires, Argentina. Ha studiato pittura presso la Scuola Nazionale di Belle Arti "Prilidiano Pueyrredón" appartenente allo IUNA. Ha partecipato a diverse esposizioni di tecniche di incisione e disegno, ottenendo numerosi premi in entrambe le aree. Si è appassionata al mondo delle illustrazioni infantili grazie a un seminario a cui ha assistito presso il Centro Culturale Recoleta. Si è perfezionata frequentando numerosi corsi di illustratori di successo. Attualmente lavora come illustratrice freelance per diverse case editrici internazionali. Inoltre, è insegnante di illustrazione presso il "Club degli Illustratori" di Buenos Aires, Argentina.

Nina

E LE ONDE DELLE EMOZIONI

Ciao! Mi chiamo Nina, ho 7 anni. Vivo con mia mamma, mio papà e mia sorella maggiore, Lilla, che studia medicina.

Un pomeriggio ci informarono che mio nonno, che vive in un'altra città, era malato.

Così i miei genitori decisero di andare a visitarlo e io rimasi con Lilla.

Quando se ne andarono, iniziai a sentirmi spaventata e ad avere degli incubi. La mia mente era come un trenino che correva veloce, carico di preoccupazioni:

"Quando torneranno mamma e papà? E se accadesse loro qualcosa di brutto? E se non vedessi più mio nonno?".

Il tempo passava e, anche se i miei genitori ci chiamavano tutti i giorni per dirci che stavano bene, continuavo ad essere preoccupata e il cuore mi batteva forte forte.

Un giorno Lilla mi portò a fare una passeggiata al parco e, mentre camminavamo, mi chiese cosa mi stesse succedendo, così le raccontai le mie paure.

Allora mi abbracciò e mi disse che anche lei era preoccupata per il nonno e che sentiva la mancanza dei nostri genitori. In quel momento mi sentii capita e sostenuta.

Subito dopo mi disse:
– Le emozioni, come la paura e la tristezza, sono simili alle onde del mare, che vanno e vengono. Le onde possono essere piccole o grandi, l'importante è riconoscerle, mantenere la calma e imparare a cavalcarle. Se perdiamo la tranquillità, molto probabilmente le onde ci trascineranno in alto mare.

Per affrontarle al meglio, è importante respirare lentamente e prestare attenzione all'aria che entra dal naso ed esce dalla bocca, mentre la pancia si gonfia e si sgonfia come un palloncino.

Questo consiglio mi aiutò moltissimo e, quando nella mia mente tornavano le paure, mi concentravo sul mio respiro. Così, un po' alla volta, iniziai a relazionarmi diversamente con i miei timori, in modo più sereno. Quando apparivano, mi limitavo ad osservarli e a lasciarli volare via ad ogni respiro, come palloncini.

A quel punto, li vedevo allontanarsi da me ed ero sicura che non fossero più nella mia mente.

Nico

E L'ALBERO DELLA FORZA

Mi chiamo Nico, ho 8 anni e vivo con mia mamma, mio papà e il mio cane Ruffi.

La scorsa estate, dopo una lunga vacanza al mare, si stava avvicinando il momento di cominciare la scuola.

Come ogni anno, i giorni prima dell'inizio delle lezioni erano un incubo per me. Non riuscivo a dormire perché mi chiedevo come sarebbe stato il mio primo giorno di scuola:

"Avrò nuovi amici? Chi saranno i miei insegnanti? Come mi andrà quest'anno? E se dovessi essere seduto da solo?".

Il primo giorno di scuola, la nostra insegnante di matematica, Rita, ci accolse con un grande sorriso. Rividi i miei amici e mi sedetti con Manu, il mio compagno di banco dell'anno scorso. Ero talmente felice di condividere con i miei compagni le lezioni e le ricreazioni, che le mie preoccupazioni presto scomparirono.

Un giorno, la maestra ci comunicò che avremmo avuto la prima prova di matematica. All'improvviso sentii un nodo alla gola e il mio cuore cominciò a battere forte come un tamburo.

La matematica era difficile per me e avevo paura di prendere un brutto voto. Così le mie preoccupazioni tornarono:

"E se non riuscissi a studiare tutto? E se sbagliassi? Cosa penseranno i miei genitori e i miei compagni?".

Ogni notte mi faceva male la pancia, immaginavo che a scuola mi avrebbero preso in giro e che i miei genitori si sarebbero arrabbiati con me.

Alla fine, feci la prova e fui l'ultimo a finirla. Quando la consegnai, la maestra mi vide preoccupato e mi chiese cosa mi stesse succedendo.

Le raccontai come mi sentivo e lei mi disse:
– Nico, capisco il tuo timore. A volte i pensieri negativi ci ingannano: tu, ad esempio, pensi che la tua verifica sia andata male ma non è detto che sia così. Anche se tu avessi sbagliato, gli errori possono essere un'opportunità per crescere e migliorare. I tuoi genitori non si arrabbieranno e i tuoi amici non ti prenderanno in giro. Tutti possono sbagliare, fa parte dell'apprendimento. L'importante è andare sempre avanti e non arrendersi.

Quindi la maestra mi propose di fare un esercizio per farmi stare meglio:

– Chiudi gli occhi e respira profondamente. Immagina di essere un grande albero. I tuoi rami sono lunghi e toccano il cielo. Il tuo tronco è robusto e le tue radici affondano nel terreno. Il sole illumina le tue foglie e ti dà energia. In questa situazione di pace e tranquillità, ripeti nella tua mente: sono forte e coraggioso, posso affrontare e superare le difficoltà che si presentano.

Quando aprii gli occhi, sentii una calma intensa e le mie preoccupazioni sparirono come bolle di sapone nel vento.

Fede

E LA SCATOLA DEL CORAGGIO

Sono Fede, ho 9 anni e vivo con mia mamma.

Un sabato soleggiato d'autunno, mia mamma mi accompagnò a casa di un nuovo compagno di scuola, Max.

Mentre stavamo giocando, vidi una palla di pelo bianca girovagare nella sala. All'improvviso urlai e corsi spaventato da mia mamma. Senza capire, Max mi chiese cosa mi stesse succedendo e io balbettai:

– Un g-g-gattooo!

La mamma di Max, Anna, cercò di rassicurarmi e mi spiegò che la sua gattina, Bibi, era inoffensiva e giocherellona. Ciononostante, la guardavo con paura e diffidenza.

Avevo sempre avuto paura dei gatti; non so perché, ma ogni volta che ne vedevo uno, mi veniva la pelle d'oca ed il cuore mi batteva molto forte.

Anna capii la mia situazione e mi raccontò che, quando Max aveva paura di qualcosa, lei gli aveva insegnato a costruire LA SCATOLA DEL CORAGGIO, che conteneva oggetti che gli davano forza, calma e sicurezza.

Con molta curiosità, chiesi a Max:
– Cosa hai messo in quella scatola?

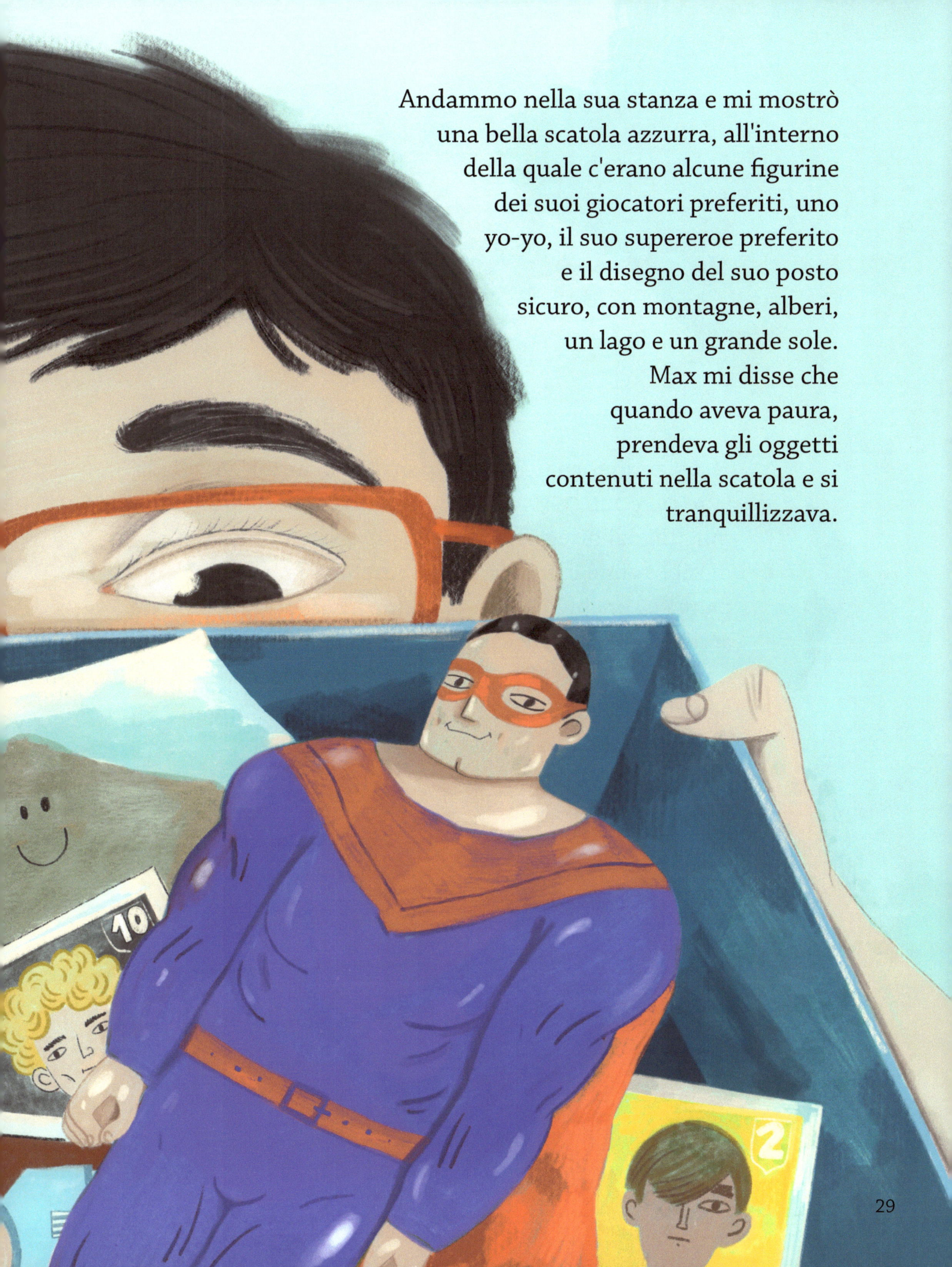

Andammo nella sua stanza e mi mostrò una bella scatola azzurra, all'interno della quale c'erano alcune figurine dei suoi giocatori preferiti, uno yo-yo, il suo supereroe preferito e il disegno del suo posto sicuro, con montagne, alberi, un lago e un grande sole. Max mi disse che quando aveva paura, prendeva gli oggetti contenuti nella scatola e si tranquillizzava.

Quando tornai a casa, ripensai con entusiasmo alla SCATOLA DEL CORAGGIO di Max, così decisi di costruire la mia. Iniziai disegnando il mio posto sicuro: una spiaggia di sabbia fine e dorata, acque turchesi e pesci rossi, con palme e conchiglie. Potevo immaginare il vento che mi accarezzava la pelle e sentire il suono del mare.

Mentre decoravo e dipingevo la scatola di verde, pensai agli oggetti che avrei messo dentro: una pallina, un quaderno, una moneta portafortuna e il disegno del mio posto sicuro.

Quando la vide, la mamma mi disse che la mia SCATOLA DEL CORAGGIO era proprio bella, e mi consigliò di usarla ogni volta che avessi avuto paura.

Tempo dopo tornai alla casa di Max e, quando vidi la gattina, pensai alla mia SCATOLA DEL CORAGGIO, specialmente al mio posto sicuro: in un attimo sentii il profumo del mare, il suono del vento e mi resi conto, mentre Bibi si avvicinava a me, che la paura era scomparsa.

Vedendomi più calmo, Anna mi disse:
– Dentro di noi possono esserci giorni nuvolosi, giorni di pioggia o giorni di sole. Ogni giorno è una nuova opportunità per scoprire la forza che esiste in noi e capire che le paure sono come nuvole nel cielo. Osservale con coraggio e lasciale passare.

Sofi

E I SEMI DELL'AMICIZIA

Mi chiamo Sofi, ho 10 anni e vivo a Buenos Aires con mio papà e la mia tartaruga Mora.

Quando iniziai la scuola, mi ritrovai con le mie amiche di sempre. Con loro avevo condiviso avventure, giochi, incontri al parco e molti anni di scuola.

Due settimane dopo l'inizio delle lezioni, arrivò una nuova compagna, Rosita, di Puerto Madryn, una città del sud dell'Argentina, che suscitò in noi molta curiosità.

Durante le ricreazioni, Rosita ci raccontava le sue esperienze con la natura. Aveva visto le balene, gli elefanti marini e i pinguini. Ci disse anche che a volte andava con suo papà al faro per vedere il tramonto.

I giorni passavano, ero triste perché le mie amiche volevano sempre giocare solo con lei e sentivo che erano più interessate a Rosita che a me.

Mi chiedevo:

"Le mie amiche non mi vogliono più bene? Perché non giocano con me? Preferiscono Rosita?".

Molte volte tornavo a casa piangendo e mi chiudevo nella mia cameretta. Un giorno mio papà venne da me, mi abbracciò e mi chiese cosa mi stesse succedendo. Gli raccontai che avevo una nuova compagna, Rosita, e che le mie amiche non mi volevano più bene perché preferivano giocare con lei.

Allora mio papà mi disse:
— Sofi, capisco che ti senti triste, ma ricorda che i nostri pensieri sono come semi in un giardino. Ogni giorno devono essere curati e annaffiati in modo che possano crescere e dare frutti. Se seminiamo pensieri positivi, raccoglieremo emozioni che ci fanno stare bene. Se coltiviamo pensieri negativi, invece, cresceranno paura e tristezza. Per questo motivo è importante stare attenti ai nostri pensieri per raccogliere frutti positivi e sentirci felici.

Le parole di mio papà mi aiutarono, perché non avevo mai immaginato che i pensieri fossero come semi che devono essere curati e annaffiati con amore ogni giorno.

Mi resi conto che avrei potuto essere amica di Rosita se avessi lasciato le mie paure alle spalle e mi fossi data l'opportunità di conoscerla e giocare con lei.

Guida
PER GLI ADULTI

Il nostro obiettivo è aiutare i bambini a crescere emotivamente forti, grazie a strumenti utili a migliorare il loro benessere e a superare le difficoltà che si presentano durante il loro sviluppo.

Leggere e osservare le illustrazioni dà ai bambini la possibilità di identificarsi con i personaggi ed empatizzare con loro; favorendo la capacità di esprimere le loro emozioni, affrontare gradualmente le paure, sviluppare la fiducia in sé stessi, potenziare l'autostima e promuovere la loro resilienza.

Le famiglie, gli insegnanti e le altre figure di riferimento dei bambini possono promuovere una lettura critica di questo materiale educativo per aiutare la loro crescita emotiva. Empatia, curiosità, accettazione e pazienza sono i pilastri fondamentali di questo processo.

La paura è un'emozione universale, naturale e adattativa che le persone provano di fronte a stimoli (situazioni, oggetti e pensieri) che comportano pericolo, danno o minaccia. In questo senso, le paure sono utili per la sopravvivenza, cioè sono risposte di attivazione che consentono di rispondere al pericolo e sviluppare abilità per affrontare situazioni potenzialmente dannose o minacciose (Toledo, Ferrero e Barreto, 1998).

La paura si manifesta con tre diverse risposte: cognitiva, fisiologica e comportamentale (Méndez, 1999).

➡ A livello **cognitivo** ci sono i pensieri e le immagini negative relative a quanto temuto;

➡ A livello **fisiologico** sono presenti sensazioni corporee spiacevoli;

➡ A livello **comportamentale** si manifestano atteggiamenti atti ad evitare quanto temuto.

Lo sviluppo biologico, psicologico e sociale comporta la diminuzione o l'abbandono di alcune paure e la comparsa di altre, per adattarsi alle esigenze dell'ambiente. In questo senso, le paure infantili sono generalmente transitorie, tipiche di uno specifico stadio evolutivo e generalmente si risolvono spontaneamente con la crescita del bambino (Pelechano, 1981). D'altra parte, alcuni fattori possono favorire la persistenza delle paure, per esempio:

* Genitori paurosi con tendenza alla protezione eccessiva;
* Comportamenti evitanti delle figure di riferimento e conseguente imitazione da parte del minore;
* Esposizione diretta o indiretta del bambino a esperienze spiacevoli o traumatiche;
* Informazioni errate e negative su situazioni o stimoli specifici.

Le paure più comuni in base all'età del bambino e dell'adolescente sono (Méndez, 1999):

0 - 2 anni
Paura della separazione dai genitori, dei rumori forti, degli estranei, delle ferite, degli animali e dell'oscurità.

3 - 5 anni
Diminuisce la paura degli estranei. Rimangono le paure dei rumori forti, della separazione dai genitori, degli animali e dell'oscurità. Aumentano le paure dei danni fisici e delle persone mascherate.

6 - 8 anni

Diminuiscono le paure dei rumori forti e delle persone travestite. Rimangono i timori della separazione dai genitori, degli animali, dell'oscurità e dei danni fisici. Aumentano le paure degli esseri immaginari (streghe, mostri, fantasmi, ecc.), dei temporali, della solitudine e della scuola.

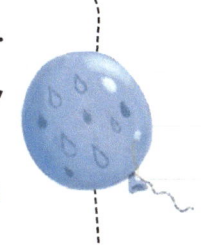

9 - 12 anni

Diminuiscono le paure della separazione dai genitori, della solitudine, dell'oscurità e degli esseri immaginari. Rimangono le paure degli animali, dei danni fisici e dei temporali. Aumentano le paure della scuola, dell'aspetto fisico, delle relazioni sociali e della morte.

13 - 18 anni

Diminuisce la paura dei temporali. Rimangono le paure degli animali e dei danni fisici. Aumentano le paure della scuola, dell'aspetto fisico, delle relazioni sociali e della morte.

In generale, le paure non sono motivo di preoccupazione, ma quando la famiglia non sa come gestirle, perché sono molto intense e provocano una sofferenza persistente, con un impatto negativo sulla vita del bambino, allora è consigliabile consultare un professionista.

A questo proposito, è importante chiarire che questo libro non sostituisce un trattamento clinico, ma è una risorsa utile per aiutare il bambino a connettersi con il suo mondo emotivo e comportamentale.

Linee guida educative
PER AIUTARE I BAMBINI A SUPERARE LE PAURE

Gentilezza,
fiducia,
calma
e pazienza.

Nella maggior parte dei casi, le paure scompaiono da sole. In caso contrario, il ruolo della famiglia ed i metodi educativi messi in atto sono importanti per aiutare il bambino a superarle.

Gli adulti sono i migliori maestri per insegnare ai bambini a regolare le emozioni e per aiutarli a sviluppare una maggiore sicurezza nella gestione delle paure. Per questo motivo, suggeriamo loro di seguire queste indicazioni:

✳ **Rispettare la paura del bambino** senza ridicolizzare, minimizzare o criticare ciò che sente e/o fa. Evitare frasi come: "Non spaventarti, non aver paura, non succede nulla, ecc.".

✳ **Adottare un atteggiamento empatico nei confronti del bambino**, comprendendo il suo disagio e dimostrando che è normale provare emozioni quali: paura, rabbia, tristezza, ecc.

✳ **Aiutare il bambino a verbalizzare le proprie emozioni**, cioè a esprimere a parole ciò che sente, ascoltandolo attivamente in un clima di calma e affetto. Se non riesce a comunicare quello che prova, non forzatelo. Fategli notare che apprezzate lo sforzo che sta facendo e che siete a sua disposizione per aiutarlo. In questo senso, è importante imparare a rispettare i tempi del bambino e a comprendere le sue difficoltà, senza arrabbiarsi o punirlo.

* **Favorire l'autonomia del bambino** dandogli l'opportunità di affrontare progressivamente le sue paure. È consigliabile accompagnarlo inizialmente proponendogli piccole sfide, fino a quando non si sentirà pronto ad affrontarle da solo. In questo modo, il bambino svilupperà nel tempo fiducia in sé stesso e sarà in grado di controllare i suoi timori.

* **Elogiare ogni risultato positivo**, per quanto piccolo sia, ottenuto dal bambino, Le lodi aiutano a rinforzargli l'autostima, purché siano pertinenti alle attività che ha completato con successo.

* **Evitare la protezione eccessiva del bambino**, eliminando gradualmente le sue richieste di rassicurazione, perché perché l'eccessiva apprensione potrebbe aumentare la sua paura (Méndez, 1999; Vallés Arángida, 1991; Mandil, 2019).

Nel caso in cui un genitore o la figura di riferimento del bambino soffra di paure intense, dovrà lavorare quanto prima su sé stesso per ridurle, poiché ciò potrebbe far persistere il problema del bambino, aggravando i suoi comportamenti di evitazione e/o rassicurazione.

I bambini hanno una particolare sensibilità nel percepire i sentimenti di preoccupazione e paura dei genitori. Le paure apprese dai loro genitori sono generalmente difficili da modificare (Sandín, 1997; Pearce, 1995).

L'importanza del gioco

Il gioco è molto importante per lo sviluppo del bambino, perché gli consente di provare emozioni, apprendere nuove abilità, comprendere l'ambiente, potenziare l'immaginazione, promuovere la fiducia in sé stesso e risolvere i conflitti.

Il bambino gioca non solo per ripetere situazioni piacevoli, ma anche per elaborare quelle dolorose o traumatiche, trasformando le esperienze passivamente sofferte in esperienze attive (Freud, 1920).
Il gioco ha una funzione creativa: mentre gioca, il bambino crea un mondo tutto suo grazie al quale rielabora gli elementi che lo circondano in una nuova prospettiva.

I bambini hanno spesso difficoltà a parlare delle proprie emozioni, ma hanno abbastanza creatività per metterle in mostra attraverso il gioco. Per questo motivo, è necessario che sviluppino il linguaggio di cui hanno bisogno per esprimerle. Lavorare insieme e condividere attività attraverso il disegno, la scrittura e i lavori manuali sono un modo efficace per vincere le paure.

Attività ludiche

Selezionate la proposta più adatta per il bambino, tenendo presente le sue caratteristiche, i suoi interessi e le difficoltà che manifesta nel parlare delle sue paure.

Dopo ogni attività, invitatelo a discutere delle emozioni che sono emerse, senza giudicarlo e senza fare domande che suggeriscano una risposta. I bambini possono preoccuparsi dell'intensità di alcune emozioni; parlarne offre loro la possibilità di sviluppare una prospettiva diversa e ottenere strumenti per gestire e affrontare la paura.

Può succedere che alcuni bambini non siano in grado di esprimere le proprie emozioni in parole o non siano motivati a realizzare la proposta. In questo caso, è importante rispettare i loro tempi senza forzarli, offrendo loro l'opportunità di svolgere l'attività in un altro momento.

ATTIVITÀ 1

Il cinema della vita

Obiettivo: Aiutare il bambino a essere più creativo facendogli individuare diverse soluzioni per risolvere un problema.

Materiali: Foglio di carta, matite colorate e penna.

Sviluppo: Usate la creatività per scrivere o disegnare un finale diverso delle storie di questo libro.
In quale altro modo potrebbero finire le storie?
Riesci a immaginare strategie diverse per affrontare le paure dei protagonisti?

➡ **Discussione:** Chiedere al bambino di raccontare ad alta voce il nuovo finale realizzato: quale strategia hai immaginato per far superare la paura ai personaggi dei racconti? Quali sono i punti di forza della strategia ipotizzata?

La scatola del coraggio

ATTIVITÀ 2

Obiettivo: Aiutare il bambino ad individuare strumenti utili per affrontare le sue paure.

Materiali: Scatola di cartone, cartoncini, lettere in gomma eva, pennarelli o matite colorate, pasta da modellare, fogli bianchi e colorati, forbici, nastro adesivo, carta crespa e vari elementi per decorare (glitter, adesivi, ecc.).

Sviluppo: Decorare la scatola e mettere all'interno gli elementi che gli danno forza e calma, come per esempio: foto, oggetti, amuleti, disegni di supereroi, luoghi, persone, animali, ecc.

▶ **Discussione:** Dialogare con il bambino sulle strategie necessarie per affrontare le sue paure ed evidenziare le nuove risorse che ha scoperto.

ATTIVITÀ 3

Il paurometro

Obiettivo: Aiutare il bambino a riconoscere ed esprimere le sue paure, chiedendogli di attribuire a ciascuna un livello di intensità crescente da uno a cinque.

Materiali: Fogli di carta, matite colorate e una penna.

Sviluppo: Disegna un termometro con una scala da uno a cinque, usando colori diversi per ogni livello di intensità:
1. Nessuna paura
2. Poca paura
3. Abbastanza paura
4. Molta paura
5. Moltissima paura

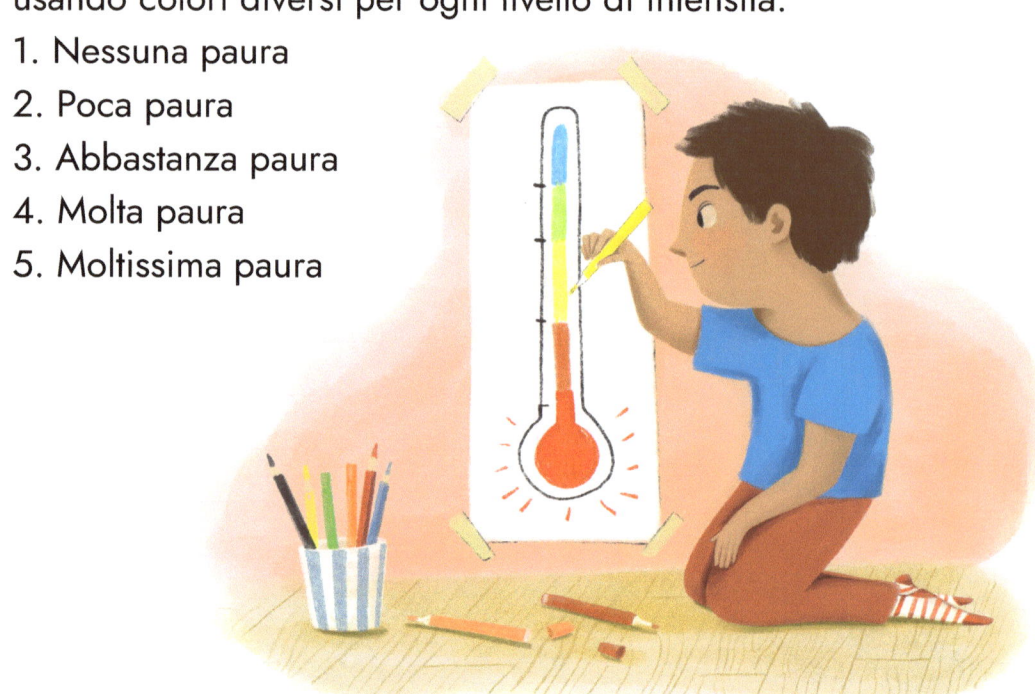

➡ **Discussione:** Usando il paurometro potete dialogare con il bambino su ciò che gli genera paura e valutarne l'intensità. Si suggerisce di fargli alcune domande, per esempio:
Di quali cose e/o situazioni hai paura e che valore gli attribuisci da 1 a 5?
Cosa senti nel tuo corpo quando hai paura?
Cosa pensi e fai quando provi paura?
Cosa potresti fare o pensare per calmarti?

ATTIVITÀ
4

Il mio posto sicuro

Obiettivo: Aiutare il bambino a costruire un luogo immaginario che gli dia tranquillità quando sente paura.

Materiali: Pennarelli, matite colorate, penna, fogli bianchi e colorati, forbici, cartoncini, glitter, foto, ritagli di giornale, ecc.

Sviluppo: Chiedere al bambino di immaginare un posto sicuro, utilizzando gli oggetti, gli animali, le persone ed i colori che desidera siano presenti. Invitatelo a disegnarlo o descriverlo e a dargli un titolo.

➡ **Discussione:** Commentare con il bambino ciò che ha disegnato o scritto, suggerendogli di visualizzare il suo posto immaginario quando sente paura.

Bibliografia

Beyebach, M. y Herrero de Vega, M. (2016). *200 tareas en terapia breve individual, familiar y de pareja*. Barcelona: Herder Editorial.

Bunge, E., Gomar, M. y Mandil, J. (2008). *Terapia cognitiva con niños y adolescentes*. Aportes técnicos. Buenos Aires: Akadia.

Cohen, L. (2017). *Le paure segrete dei bambini*. Milano: Feltrinelli Editore.

Freud, S. (1920). *Más allá del principio de placer*. Buenos Aires: Amorrortu Editores.

Huebner, D. (2009). *Me da miedo irme a la cama*. Un libro para ayudar a los niños a superar sus problemas para dormir. Madrid: Tea Ediciones.

Mandil, J. (2019). *Herramientas en psicoterapia con niños y adolescentes*. Abordaje de la complejidad desde las perspectivas cognitivas y conductuales. Buenos Aires: Akadia.

Méndez, F. (1999). *Miedos y temores en la infancia: ayudar a los niños a superarlos*. Madrid: Pirámide.

Montano, A. & Villani, S. (2018). *Programma Mindfulness "Il fiore dentro"*. Trento: Centro Studi Erickson.

Pearce, J. (1995). *Ansiedades y miedos*. Barcelona: Paidós.

Pelechano, V. (1981). *Miedos infantiles y terapia familiar-natural*. Valencia: Alfaplús.

Sandín, B. (1997). *Ansiedad, miedos y fobias en niños y adolescentes*. Madrid: Dykinson.

Snel, E. (2015). *Calmo e attento come una ranocchia*. Milano: Red Edizioni.

Toledo, M., Ferrero, J. y Barreto, M. P. (1998). Trastornos de ansiedad en la infancia y adolescencia. En R. González Barrón (comp.). *Psicopatología del niño y del adolescente*. Madrid: Pirámide.

Vallés Arángida, A. (1991): *El niño con miedos*. Cómo ayudarlo. Alcoy: Marfil.

Indice

Nina e le onde delle emozioni 9

Nico e l'albero della forza 17

Fede e la scatola del coraggio 25

Sofi e i semi dell'amicizia 35

Guida per gli adulti 41

Bibliografia 54